PM 고수들의 프로젝트 관리 노하우를 엿보다

프로젝트 리더십

PROJECT LEADERSHIP

Contents

"난 공자가 아닌데 왜 공자가 되라고 하나요?"

글을 쓰게 된 배경   5

"리더십 책을 여러 권 읽었지만 여전히 모르겠어요."

A 리더십 발휘가 어려운 이유   8
+ 리더라면 한 번은 해보는 생각 1   14

"프로젝트 리더십은 프로젝트 매니지먼트와 다른 건가요?"

B 프로젝트 리더십 개념   15
1. 프로젝트 리더십 정의   16
2. 프로젝트 리더십 원칙   16
3. 프로젝트 리더십 구성항목   19
+ 리더라면 한 번은 해보는 생각 2   22

"어디로 가야 하나요? 어떻게 가야 하나요?"

C 프로젝트 리더십 구성 항목별 발휘 방법   26

1. 올바른 방향제시   27
2. 일하기 좋은 환경 조성   32
3. 자율적 업무 수행을 지원하는 소통   37
+ 리더라면 한 번은 해보는 생각 3   50

D 결정적 순간   52

1. 결정적 순간을 판단하는 방법   53
2. 결정적 순간에 소통하는 방법 (감성케어 소통)   60
+ 리더라면 한 번은 해보는 생각 4   62

E 프로젝트 리더십의 최고 수준   65

1. 프로젝트 리더십의 최고 수준   66
+ 리더라면 한 번은 해보는 생각 5   68

난 공자가 아닌데
왜 공자가 되라고 하나요?

 문제해결이나 프로젝트 관리에 대해 강의를 할 때 학습 대상자가 리더인 경우가 많습니다. 그래서 질의응답 또는 토론 과정에서 언급되는 내용 중 50% 이상은 리더십과 관련된 것입니다. 역설적으로 그만큼 올바른 리더십을 발휘하는 것이 어렵다는 것이겠지요.

 리더십 관련 책, 논문, 동영상, 온오프라인 교육들도 많이 있는데 왜 이다지도 리더십 발휘는 어려울까요? 그건 '나는 공자가 아닌데, 그리고 공자가 될 수도 없는데 리더십 전문가들이 공자가 되라'고 하기 때문입니다. 이게 나쁘다, 또는 잘못되었단 것은 아니지만, 수업 시간에 리더 분들에게 위의 말을 하면, 체감상 90% 이상은 위안 받거나 공감하는 표정을 보입니다.

 그래서 '리더도 사람인데, 좀 살고(?) 보자' 는 취지로 '이기적 리더십'을 쓰기로 결정했습니다. 네, 맞습니다.

이 책의 초기 제목은 이기적 리더십이었습니다. 그리고 책을 관통하는 결론은 너무 팀원 들 눈치 보며 스트레스 받지 말자는 것입니다. 함께 일하는 동료, 선후배들을 배려하고 협업하되 갈등이 생기면 할 말은 하자는 것입니다. 오해하면 안 되는 것이 기존에 리더십에 대해 연구한 내용들이 잘못되었거나 필요 없다는 것이 아닙니다. 좋은 리더십 역량을 가지고 발휘하는 것은 쉽지 않은데 이에 대해 과도한 스트레스를 받는 분들이 많이 있습니다. 그래서 훌륭한 리더십 발휘는 어렵다는 것을 '인정'하고 스트레스를 최소한으로 줄이면서 내가 할 수 있는 만큼 노력하자는 의미입니다.

저 또한 범인(凡人, ordinary man) 중 한 사람이기에 리더십 영역을 다루는 것은 정말 쉽지 않습니다. 제 경력 중 대기업이나 글로벌 회사의 CEO는 없기 때문에 미천한 생각을 보완하기 위해 리더십 관련 책을 읽은 것과 주변 훌륭한 리더 분들을 관찰하고 때론 조언을 구한 것을 짜깁기했습니다.

다만 짜깁기만 하면 표절이라 욕 할까봐 제가 경험한 프로젝트를 바탕으로 재구성했습니다. 이런 과정을 겪으며 원고를 수정하고 보완하다가 '이기적 리더십'이 '프로젝트 리더십'으로 바뀌었습니다. 약 20년간 경영 컨설턴트를 직업으로 삼았고 지금도 프로젝트를 통해 문제를 해결하고 있으니 공신력이 조금은 있을 거라고 생각합니다. 다만 여기서 말한 것을 무작정 실행하다가 되돌아오는 결과가 나쁠 수도 있으니 상황에 맞게 필요한 부분만 활용하면 됩니다. 그리고 글에 대해 더 좋은 피드백이 있으면 언제든지 말씀해주세요.

A

리더십 발휘가
어려운 이유

A
리더십 발휘가 어려운 이유

"리더십 책을 여러 권 읽었지만 여전히 모르겠어요."

프로젝트 리더십 발휘가 왜 어려운지를 알고 가는 것만으로도 많은 리더분들에게 위안이 되리라 생각합니다. 지금부터 언급하는 이유 외에도 더 있을테지만, 이 중 최소한 가지는 해당되는 것이 있으리라 생각합니다. 순서는 아무 의미가 없습니다.

1) 원하지 않아서

일단 누구나 반장이 되고 싶어하지는 않습니다. 귀찮다고 생각하는 사람도 있고 나서는 것을 부끄러워하거나 싫어하는 사람도 있습니다. 진지하게 한 번 이런 고민을 해봐야 합니다. '나는 리더가 되고 싶은가?' 근데 문제는 내가 원하지 않아도 리더 역할을 해야 할 때가 있다는 것입니다. 사회 생활이, 조직 생활이 내 맘대로 되지는 않으니까요. 몇 안 되는 좋은 점 중 하난 '자리가 사람을 만든다'고, 억지로 맡은 리더 역할이지만 자기도 몰랐던 숨은 역량을 키워가며 성과를 창출할 수도 있습니다.

2) 지금까지 그렇게 살아오지 않아서

근원적 이유 중 하나입니다. 태어날 때 리더가 아니었는데, 어떻게 리더로 살아오겠습니까? 그리고 학창 시절에 30명이 있는 한 반에서 반장은 1명이고 부반장까지 해봐야 2명입니다. 나머지 사람에겐 리더 역할을 할 기회가 확률적으로 높지 않은 것입니다.

3) 배운 적이 없어서

요즘엔 어떤지 모르겠는데, 적어도 2010년 정도까지는 초 중 고등학교에서는 '리더십'이라는 교육 과목이 없었고, 대학교 과정에도 '리더십' 이라는 전공이나 교양 과목이 없었습니다. '경영학'의 전공 하에, '인사'라는 범주 아래, 일부 리더십을 다룰수는 있지만 그렇게 큰 비중을 차지하지 않습니다. 리더를 통해 리더십을 배울 수도 있지만 리더들을 둘러싼 상황, 리더의 성향 등이 다르고 이분들이 시간을 내기 어려울 때가 많아 이 또한 쉽지 않습니다.

4) 리더가 될 준비가 덜 되어 있어서

리더십 발휘가 어려운 이유는 지식, 스킬, 자질 등의 개인적 역량이 부족한 것도 있겠지만, 회사나 팀 내 역할과 책임, 권한 등 주변 환경이 받쳐주지 못하는 경우도 있습니다. 어려운 역경을 뚫고 헤쳐 나가는 것이 리더십의 본질 중 하나라고 볼 수도 있지만, 리더십을 발휘할 수 있게 구조적 환경이 조성되어 있는 것도 매우 중요합니다.

5) 희생을 담보로 하기 때문에

리더들의 하소연 중 하나는 다음과 같습니다.

"신입사원을 열심히 가르치면 뭐합니까? 얼마 안 지나 퇴사하거나 이직하면 끝인데요."

좋은 리더가 되는 것은 거의 대부분 희생을 담보로 합니다. 가장 큰 희생 중 하나는 리더의 시간을 쓰는 것입니다. 같은 팀에서 근무하기 때문에 리더의 피드백을 받는 것은 으레 당연하다고 생각할 수도 있지만, 이런 부분에 한 번 더 생각해볼 필요가 있습니다. 게다가 시간 투자는 무형의 가치여서 사람들이 그 가치를 인지하기 어렵습니다. 그래서 리더의 희생이 잘 드러나지 않습니다.

6) 리더십 발휘에 대한 체감이 쉽지 않아서

리더십이 제대로 발휘된다면 팀원들의 자발적 행동 변화를 이끌어낼 것입니다. 다시 말하면 후배나 팀원에게 피드백을 주면 그분들이 달라지는 것을 보는 것입니다.

그러나 이를 단시간에 확인하기 어려울 때가 많습니다. 팀원 변화에 대한 체감이 어려우니 시간을 쓰는 것에 대한 보람을 느끼기 힘들고 지속할 동인이 없어집니다. 혹자는 문서 피드백을 주면 바로 고쳐오니 확인 가능한 것이 아니냐고 하지만, 이런 류의 피드백은 '리더십 발휘'라는 주제와 약간 거리가 있는 것 같습니다.

7) 재미가 있지 않아서

사람들에게 리더십에 대해 물어보면, 10에 8명은 '리더십... 쉽지 않아...' 라고 말을 합니다. 약간 어렵고 도전적이라면, 몰입할 수 있는 환경 조성도 되고 재미도 있겠지만 아예 방법을 모르면 어떻게 해야 할지 갈피를 잡기 어렵고 포기하게 됩니다. 리더십은 RPG게임에서 레벨 업 시키듯 하나씩 순차적으로 체득해가기 어려운 영역이어서 대체로 재미가 없습니다.

8) 피드백 줄 때 반응이 좋지 않아서

후배나 팀원에게 피드백을 줄 때, '상처를 받을까봐', '오해할까봐', '멀어질까봐', '욕 먹을까봐' 등을 고민하는 리더들이 이외로 많습니다. 이 이야기가 의미하는 것 중 하나는 피드백을 기꺼이 받아들이는 사람이 많지 않다는 것입니다.

다른 이유도 더 있겠지만, 지금까지 언급한 내용들만 봐도 리더십 발휘가 어렵다는 것은 금방 인지할 수 있습니다. 지금 해결방안을 논의하는 시간은 아니기 때문에 'So what?'이라는 질문은 참고, 리더든, 팀원이든 '아, 나만 어려운 것이 아니구나…' 정도까지만 생각하면 좋겠습니다.

왜 자꾸 리더에게 희생하라고 하나요?

리더십을 교육하는 많은 분들이 '리더가 팀을 위해 희생해야 한다'고 합니다. 정말 사랑하는 사람이나 자녀를 위해 또는 부모님을 위해 희생하는 것도 쉽지 않은데 왜 피 한 방울 섞이지 않은 남을 위해 희생해야 할까요? 리더가 희생하면 이를 본 팀원들이 정말 감동하고 영감을 받나요?

그 답을 찾는 것이 어려우니 리더 먼저 마음이 편해져야 한다는 것입니다. 리더 먼저 챙기자는 말에서 이기적이란 생각이 들 수도 있습니다. 그러나 '프로젝트 리더십'은 리더도 똑같은 사람이고, 리더 또한 문제해결은 어려우며, 때때로 실수도 할 수 있다는 인간적인 냄새(?)가 나는 '리더십'으로 생각하면 됩니다.

리더이기 때문에 팀원들에게 비전을 제시하고 환경을 조성하는 일 또한 중요하지만, 무조건 희생을 해야 하고, 실수하면 안 되고, 혼자 고민해야 한다는 강박관념을 갖지 말자는 것이 프로젝트 리더십입니다.

B

프로젝트 리더십 개념

B
프로젝트 리더십 개념

"프로젝트 리더십은 프로젝트 매니지먼트와 다른 건가요?"

1. 프로젝트 리더십 정의

먼저 리더십이란 단어에 대해 잠깐 생각을 해보고 프로젝트 리더십을 말씀 드리겠습니다. 리더십에 대해 고민하고 연구하시는 분들이 정말 많고 삶의 의미에 대한 통찰력까지 제시하는 분들도 많이 있습니다. 그 분들의 말씀을 약간 차용하여 저는 개인적으로 리더십이란 '팀원들에게 비전을 제시하고, 환경을 조성하여, 성과를 창출하는 것'으로 운영적 정의를 내리고 있습니다. 여기에 '프로젝트'란 말을 수식어로 붙이면 '프로젝트 리더십'이 됩니다. 즉 문제해결을 위해 특정 프로젝트를 하는 동안 팀원들에게 리더십을 발휘하는 것입니다.

2. 프로젝트 리더십 원칙

팀원들에게 영향을 미쳐야 한다는 속성 때문에 리더가 하고 싶은대로 무조건 할 수 없습니다. 우선 리더 혼자서 모든 일을 할 수 없기도 하고, 팀원들도 일할 맛 나는 환경이 만들어져야 잠재력을 최대한 발휘할 수 있기 때문입니다. 그러면 팀원을 위한 환경 조성을 최우선으로 생각해야 할까요? 아닙니다. 프로젝트 리더십을 위해 고려할 원칙은 크게 3가지인데 그 중 가장 첫 번째는

리더의 행복을 먼저 추구하는 것입니다.

비행기를 타면 승무원 분들이 안전교육을 할 때 항상 설명하는 것이 하나 있습니다. 그건 비행기가 물에 빠졌을 때 먼저 본인의 구명조끼(또는 산소마스크)를 착용한 후 주변 어린이나 노약자를 도와줘야 한다는 것입니다. 여기엔 매우 큰 통찰력이 내포되어 있는데, 자신이 안전하지 않은 상태에서 다른 사람을 도와주는 것 자체가 어렵다는 것입니다. 프로젝트 리더십에 접목하여 본다면, 팀원을 케어하기 위해 리더 스스로 너무 힘들고 괴로우면 안된다는 것입니다. 이건 자신의 구명조끼를 착용하지 않은 채 다른 사람을 도와주려고 하는 것과 다를 바 없습니다.

이에 대해 조금 더 깊이 있게 생각을 해보겠습니다. 리더 스스로의 행복을 추구한다는 의미는 주관적인 판단이 필요

합니다. 어떤 리더는 Work and life balance를 통해 행복을 느낄 수도 있지만, 다른 리더는 회사의 성과 창출을 통해 행복을 느낄 수도 있습니다. 또 다른 리더는 팀원들의 역량 강화, 성장을 바라보면서 행복하다고 생각할 수도 있습니다. 즉 행복을 느끼는 요소, 상황 등이 모두 다를 수밖에 없습니다.

그런데... 우리가 여기서 철학을 논하는 것은 아니지만,

나는 나에 대해 잘 알고 있나요?

언제 태어났고, 부모님은 누구고, 어디에 살고 있고, 학력은 어떻고, 직장은 어디고, 무슨 일을 하고 있고, 연봉은 얼마고, 친구나 동료는 누가 있고, 취미 및 특기는 무엇이고 등등 표면적인 것 외에 조금 더 깊이 있는 고민이 필요합니다.

그렇다면 의도적으로, 수시로, 조용한 곳에서, 일부러 시간을 내어,

'나는 언제 행복을 느끼는가?'
'내가 중요하게 생각하는 가치관은 무엇인가?'

18

등에 대해 성찰하는 시간을 가져야 합니다. 그리고 조금씩이라도 자신에 대해 잘 알아야 합니다. 그래야 나의 행복과 프로젝트 목표 또는 회사의 비전 및 미션을 정렬시킬 수 있습니다. 그 후 팀원들과의 원활한 협업을 위한 방법을 찾을 수 있고요.

 다행스러운 점은 자신을 잘 알아야만 프로젝트 리더십을 발휘할 수 있는 것은 아닙니다.

3. 프로젝트 리더십 구성 항목

 프로젝트 리더십은 프로젝트 매니지먼트와는 다르다는 것을 먼저 인지해야 합니다. 이를 위해 프로젝트 매니지먼트를 잠깐 설명하겠습니다. 프로젝트 주제 및 범위에 따라 달라질 수 있긴 하지만 어떤 프로젝트를 수행하건 크게 4개의 단계를 거치게 됩니다.

> 1) 문제 정의
>
> 2) 내/외부 현황 분석
>
> 3) 해결방안 도출
>
> 4) 실행계획 수립

이 단계에 맞춰 갖춰야 하는 관리 스킬들도 있는데 이를 프로젝트 매니지먼트 스킬이라고 표현합니다.

대표적인 것을 몇 가지만 말하자면 목표 정의서(Team charter) 작성, 업무계획표(WBS, Work Breakdown Structure) 설계, 가설 수립, 정량적/정성적 자료 수집 및 분석, 내부 전문가를 활용한 원인 분석, 외부 인적 네트워크를 활용한 벤치마크, 창의적 아이디어 도출, 역지사지를 바탕으로 한 이해관계자들의 움직임 예상하기 등이 있습니다.

이게 얼마나 중요하냐면 PMP(Project Management Professional), PMBOK(Project Management Body Of Knowledge) 등과 같은 교육 과정이 따로 있을 정도입니다.

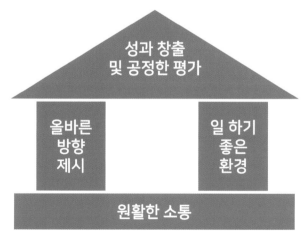

프로젝트 리더십은 '올바른 방향 제시'와 '일 하기 좋은 환경 조성'이란 2개의 기둥을 바탕으로 '성과 창출 및 공정한 평가'란 지붕을 올리는 것입니다. 여기에 기둥의 안정감을 위해 '원활한 소통'이란 기반이 함께 필요하고요. 다음 장에선 프로젝트를 잘 수행하는 리더들은 각 항목별로 어떻게 리더십을 발휘하고 있는지 설명하겠습니다.

피드백을 아끼는 팀장, 이기적인가요?

리더십을 교육하는 많은 분들이 '리더가 팀을 위해 희생해야 한다'고 합니다. 정말 사랑하는 사람이나 자녀를 위해 또는 부모님을 위해 희생하는 것도 쉽지 않은데 왜 피 한 방울 섞이지 않은 남을 위해 희생해야 할까요? 리더가 희생하면 이를 본 팀원들이 정말 감동하고 영감을 받나요?

그 답을 찾는 것이 어려우니 리더 먼저 마음이 편해져야 한다는 것입니다. 리더 먼저 챙기자는 말에서 이기적이란 생각이 들 수도 있습니다. 그러나 '프로젝트 리더십'은 리더도 똑같은 사람이고, 리더 또한 문제해결은 어려우며, 때때로 실수도 할 수 있다는 인간적인 냄새(?)가 나는 '리더십'으로 생각하면 됩니다.

리더이기 때문에 팀원들에게 비전을 제시하고 환경을 조성하는 일 또한 중요하지만, 무조건 희생을 해야 하고, 실수하면 안 되고, 혼자 고민해야 한다는 강박관념을 갖지 말자는 것이 프로젝트 리더십입니다.

B 결정

그런데 팀장님은 한 번 더 보완해달라고 요청하지 않습니다. 왜냐하면,

- 야근 시킨다고 싫어할 것 같아 눈치 보입니다.

- 주 52시간 제도 도입 이후, 회사에서도 정말 특별한 이유가 있지 않는 한 정시 퇴근을 하라고 합니다.

- 팀장님도 얼른 퇴근해 가족과 시간을 보내고 싶은데, 팀장 자신도 퇴근 시간이 많이 늦어질 것 같아서 입니다. 왜냐하면 팀원에게 더 보완해달라고 피드백을 주어도 한 번에 끝나지 않을 것 같아서 입니다.

C 질문

5. 이런 생각을 가진 팀장님은 이기적인 건가요?

→ 인사 및 리더십 연구를 많이 하신 분들의 조언을 받아 다음에 정리할 예정입니다.

D 전문가의 조언 (5명 인터뷰 후 3명 이상이 이야기해주신 내용을 정리)

사람 사이의 관계는 일방향이 아니고 상호 영향을 주고 받는 것이 있어요. 엘리베이터에서 처음 보는 사람에게 열림 버튼을 눌러 기다려주면 고맙다는 말을 듣잖아요. 하물며 같은 조직의 팀원이 열정을 가지고 더 피드백 달라고 요청하면 이를 거절하는 팀장은 많지 않아요. 팀장 자신의 존재 이유를 의식적, 무의식적으로 느낄 수 있기 때문에 반대로 더 좋아하는 경우가 많아요. 근데 팀원이 싫은 티를 내니까 팀장의 열정도 함께 식는거죠. 이건 반대 입장도 마찬가지고요.

그래서 이런 문제는 리더십 이슈나 이기적인거냐 아니냐의 문제라기 보다는 조직의 문화, 즉 구조적으로 바라보는 것이 더 맞다고 봐요. 열정도 전염된다는 말이 있는데 리더를 포함한 다수의 사람들이 더 완벽한 것을 추구하는 분위기라면 언제 퇴근하느냐는 문제가 되지 않는거죠. '야근이 자연스러운 분위기여야 한다는 것이가?'가 아니라 몰입, 자존심, 성취감, 성장, 협업의 즐거움 등을 느낄 수 있는 회사라면 위와 같은 축 쳐지 없이도 기대했던 것 이상의 결과물이 충분히 나올 수 있다는 것이에요.

리더의 역할 중 조직 문화 구축도 있지 않냐고 질문한다면 반은 맞고 반은 틀린 것 같아요. 회사 전체 문화가 사업부에 영향을 미치는 것이 있고 그 밑 팀에 미치는 영향이 또 있기 때문에요. 그리고 리더가 팀원을 직접 채용한 것이 아니고 회사에서 채용한 사람을 배정받는 경우도 있고 팀원들 간의 케미도 서로 영향을 미치기 때문에, 리더 개인이 조직 문화를 좌지우지 할 수 없는 경우도 많아요.

그러면 손 놓고 있어야 하느냐? 개인적으로 머리는 아니라고 하는데 마음은 '사람은 고쳐쓰는 법이 아니다'는 쪽에 서 있어요. 머리랑 마음이랑 반대로 서 있나 싶기도 하고요. 아무튼 사람이 변하는 게 쉽지 않다는 것이죠. 따라서 애초에 성장에 대한 욕구가 강한 사람들로 팀을 구성하는 것이 최선의 방법이라고 생각해요.

C

프로젝트 리더십
구성 항목별 발휘 방법

C

프로젝트 리더십
구성 항목별 발휘 방법

"어디로 가야 하나요 어떻게 가야 하나요?"

1. 올바른 방향 제시

(1) 목표 및 방향 선정

리더가 방향 선정을 잘 하기 위해 전반적 트렌드 이해, 산업 및 업무 전문성, 내부 또는 우리의 상황 파악, 이들을 연결하는 통찰력이 필요합니다. 단순화 해본다면 To-be와 As-Is를 잘 파악한 후에 As-Is에서 To-Be까지 어떻게 갈 것인지를 도출하는 것입니다. 이 때 팀원들의 지식과 경험을 결합하여 시너지를 창출한다고 하더라도, 좋은 의사결정을 위해 리더의 기본 문제해결 역량이 받쳐줘야 합니다.

To-Be 사고력은 거시적-미시적 미래 변화에 대해 지속적으로 관심을 가지면서 키울 수 있습니다. COVID-19를 통해 특정 분야의 변화가 전방위로 영향을 끼친다는 것을 이미 경험했기 때문에 프로젝트 주제가 무엇이든 간에 여러 분야에 대한 제반 지식이 필요합니다. 혼자서 모든 분야의 전문가가 되기 어려우므로 각 분야 전문가들이 쓴 글들을 부지런히 읽고 생각하는 것이 중요합니다.

노동의 종말
The End of Work

1판 1쇄 펴냄	1996년 3월 15일
1판 2쇄 펴냄	1996년 3월 25일
지은이	제레미 리프킨
옮긴이	이영호
펴낸이	朴孟浩
펴낸곳	(주)민음사

출판등록 1991. 12. 20. 제16-490호
서울시 강남구 신사동 강남출판문화센터 5층
515-2000(대표전화)/514-3249(팩시밀리)

값 10,000원

Printed in Seoul, Korea
한국어판 ⓒ (주)민음사. 1996

ISBN 89-374-2267-0 03300

* 옮긴이와 합의하여 인지를 붙이지 않습니다.

[노동의 종말, 서지정보]

앞으로 올 미래에 대해 여러 전문가의 의견을 듣는 것도 필요하지만 더 깊이 있는 통찰력을 키우고 싶다면 과거에 출간한 트렌드 책이나 관련 글을 보는 것도 필요합니다. 엔트로 피란 개념을 널리 알린 제레미 리프킨이 쓴 '노동의 종말'이 우리나라에 처음 출간된 해는 1996년입니다. 최근 무인 편의점이 늘어나는 등 사람이 일할 자리가 사라지거나 전환되고 있음을 체감하고 있긴 하지만 1996년부터 지금까지 20년이 지났음을 생각한다면 더 중요한 것은 시간입니다. 즉 거시적 트렌드건 미시적 트렌드건 예측한 미래가 언제 도래했느냐 또는 도래할 것이냐를 고민하는 것이 필요합니다.

As-Is, 현황을 파악하는 것은 To-Be에 비해 상대적으로 쉽습니다. 그건 우리가 갖고 있는 돈, 사람, 시간 등의 자원을 파악하는 것입니다. 조금 더 구체적인 팁을 공유하자면 돈 외에도 설비 및 장비, 시스템 등을 생각해볼 수 있고 사람이 갖고 있는 역량 및 경험, 회사의 브랜드, 평판 등 더 확장적, 입체적으로 현황을 파악할 수 있습니다. 이 때 프로젝트 리더십 측면에서 추가 생각할 부분은 Leverage 가능 영역이 무엇이고 얼마나 되느냐 입니다. 프로젝트 내부 팀원들만의 역량 결집만으로 프로젝트를 성공적으로 마무리하긴 어렵습니다. 조직 내외부 구성원들

인터뷰부터 시작하여 선진사례 벤치마크까지 도움받을 수 있는 것을 최대한 이끌어내는 것이 필요합니다. 결론적으로 As-Is 파악은 '자원과 Leverage 파악'으로 요약할 수 있습니다.

끝으로 'How, To-be로 어떻게 갈 것이냐'는 업무수행 계획(이하 WBS, Work Breakdown Structure)를 매우 상세하게 설계할 수 있어야 합니다. 그래서 리더를 포함한 팀원들이 어떻게 일을 할 것인지 영화를 보듯 생생하게 상상할 수 있는 능력이 필요합니다.

나열심 팀원에게 생산팀 담당자를 만나 애로사항에 대해 인터뷰하고 오라고 요청했습니다. 만약 나열심이 5년 이상 관련된 일을 해본 경험이 있다면 '인터뷰 좀 해주세요'란 말로 과업 요청이 끝날 수 있습니다. 그러나 나열심이 입사한 지 1년이 안된 신입사원이라면 인터뷰 문항을 어떻게 도출해야 하는지, 인터뷰는 어떻게 진행해야 하는지, 인터뷰 후엔 무엇을 정리해야 하는지 등을 알려줘야 합니다.

지금과 같은 전-중-후 단계보다 더 상세한 내용을 공유해도 나열심에겐 부족할 수 있습니다. 그래서 WBS를 설계할 땐 팀원들의 경험과 역량을 함께 생각해야 합니다.

WBS 품질은 얼마나 가설을 잘 수립하고 MECE하게 생각하느냐로 판가름 납니다. 가설은 '아직 확인하지는 못했지만 아마 이럴꺼야'라고 생각하며 미리 내는 결론입니다. 평소 일상생활에서 일어나는 일에 대해서도 간단하게 가설을 세우고 검증해보는 습관을 갖는 것이 도움됩니다. MECE는 특정 개념의 하위 영역들 간에 서로 겹치는 것은 없지만 영역들을 모두 합치면 전체가 된다는 개념입니다. 관심 있는 분들은 가설과 MECE에 대해 별도로 더 찾아보시길 권합니다.

어떤 일을 하든지 To-Be, As-Is, How의 3가지가 누구에게나 필요한 역량이라고 하면 프로젝트 리더십에선 목표 명확화란 것이 추가 됩니다. 그건 '결과 목표'일 수도 있고 '과정 목표'일 수도 있습니다. 결과 목표는 누가 봐도 성과 달성 여부를 쉽게 판단할 수 있어야 합니다. 그래서 숫자로 명기되어 있으면 더 도움이 됩니다. 가장 쉬운 사례가 '프로젝트 종료 후 전년 동기 대비 매출 성장률이 20%P 이상 향상되는 것'입니다. 어려운 것은 '조직문화

개선'과 같은 주제인데, 이 경우에도 '조직문화 만족도'와 같은 지표를 설정하는 것이 좋습니다.

과정 목표는 결과 목표를 수립하기 어렵거나 오랜 시간이 지난 후에 달성 여부를 알 수 있을 때 유용합니다. 예를 들면 매출 목표를 달성하기 위해 고객사와 계약하는 것이 중요한데, 계약을 하기 위해 또는 좋은 조건으로 계약하기 위해 필요한 활동들을 과정 목표로 선정합니다. 즉 '1주에 한 번 이상 고객사에 방문하기', '고객사의 주요 현황 분석 리포트를 매주 작성하고 공유하기' 와 같이 최종 목표 달성에 기여하는 활동에 지표를 설정하는 것입니다. 이때 과정 지표가 결과 지표에 얼마나 영향을 미치는지, 그리고 팀원들이 프로젝트 기간 동안 과정 목표를 충분히 수행할 수 있는지 등 사전에 공감대를 형성하는 것은 필수입니다.

"팀원들이 생각하는 '우리'의 범주는 어디까지인가요?"

2. 일 하기 좋은 환경 조성

(1) 리더의 영향력: 결집 테두리

좋은 리더는 구성원들을 결집시킨다' 라는 말을 종종 듣습니다. 어떻게 보면 너무 당연한 말이란 생각이 들어서 이 말에 대한 의심이나 해석보다 '그건 나도 아는데 어떻게 해야 하는거지?'란 방법에 신경을 쓸 때가 더 많은 것 같습니다.

이번에 말하려는 내용은 '구성원 결집' 관련 리더가 어떤 영향을 미치는지에 대한 것입니다. 결론을 말하면 리더는 '우리'와 '그들(또는 남)'을 구분 짓습니다. 리더가 의도했든 안 했든 구성원들은 리더가 누구이고 어떤 말과 행동을 하느냐에 따라 '우리'를 해당 테두리 안에 한정 짓습니다. 테두리 크기가 작으면 소속감이나 동질감을 느끼기 쉽지만 더 큰 그룹의 방향을 안내하기 어렵고, 반대로 너무 크면 구성원들의 결집력을 높이기 어렵습니다. 회사로 이야기 하면 영업 2팀의 팀장이

"우리 팀이 이번 분기 때 더 열심히 해서 최고 보너스를 받아보자!"

라고 한다면, '우리'의 범주는 마케팅 팀도 아니고 생산 팀도 아니며 영업 1팀도 아닌 '영업 2팀'입니다. 극단적으로 말하면 다른 팀은 관심 없고 우리 팀만이라도 열심히 해서 보너스를 잘 받아보자는 것입니다. 리더가 같은 상황에서 이렇게 말할 수도 있습니다.

"우리 영업이 다 함께 열심히 해서 최고 실적을 달성해보자!"

이 때 '우리'는 영업 2팀이 아닌 영업 팀 전체를 포함합니다.

"우리 A사 인들이 다 함께 열심히 해서 최고 성과를 달성해보자!"

이 때의 '우리'는 A회사 전 임직원을 이야기합니다.

리더가 시간이 지나도 비슷한 자리에 있는다면 익숙한 크기의 테두리를 바탕으로 구성원들을 결집시키고 비전을 제시하면 됩니다. 그러나 리더의 위치가 달라지거나 높이가 높아지면 테두리 크기를 키우고 그 안의 구성원들을 포용해야 합니다. 예를 들어 학교 담임 선생님은 매년 본인이 맡은 반의 학생들을 뭉치게 하면 됩니다. 하지만 교장 선생님이라면 교내 전체 선생님과 학생을 대상으로 리더십을 발휘해야 합니다.

이 같은 철학을 고려할 때 장기적으로 큰 영향력을 발휘하려고 하는 리더는 주니어일 때부터 준비를 하면 좋습니다. 풀어 말하면 내가 마케팅 팀에서 일을 한다고 해도 영업이나 생산 팀에서 일하는 분들을 '그들'로 분류하지 않고 '우리'로 생각할 필요가 있습니다. 이미 이 단계까지 도달했다면 상황에 따라 개념을 더 확장하는 것도 필요합니다. 임직원만 간주하는 것이 아니라 임직원 가족까지도 '우리'로 생각할 수도 있고, 우리 회사만 생각하지 않고 협력사나 용역사도 '우리'로 포함할 수도 있습니다.

"팀원들이 일거수일투족 보고 있다고요?"

2. 일 하기 좋은 환경 조성

(2) 리더의 결정, 행동, 태도

리더는 구성원들의 결정과 행동에 영향을 미칩니다. 심한 경우엔 팀원들이 리더의 가치관과 태도에 영향을 받는 경우도 있습니다.

점심 식사를 하기 위해 팀장과 팀원들이 함께 회사 밖으로 나왔고 길을 건너려 하는데 그 길은 왕복 2차선이고 건널목은 멀리 있으며 차도 지나다니지 않는 상황입니다. 이 때 어떤 리더는 무단횡단을 할 것이고 어떤 리더는 건널목까지 가서 길을 건널 것입니다. 이럴 때 팀원들은 보통 리더를 따라 움직입니다.

이런 사례는 정말 많이 있습니다. 리더가 보고서의 오자 하나까지 꼼꼼하게 체크한다면 팀원들은 수치, 단어, 문구, 문장에 더 신경을 쓰게 됩니다. 리더가 감정기복이 심한 편이라면 팀원들은 리더의 기분이 어떤지 더 예민하게 관찰합니다. 하다못해 점심식사나 회식 장소를 고를 때도 리더가 싫어하는 음식을 선택하는 경우는 거의 없습니다.

이런 사소한 것들부터 중요한 이벤트들이 쌓이고 쌓이면 리더가 귀감이 되든 타산지석이나 반면교사가 되든 팀원들의 가치관에 영향을 미칩니다. 예를 들어 보고가 있을 때마다 리더가 보고서를 한 번이라도 더 보고 수정 및 보완하면서 최선을 다하는 모습을 보인다면 팀원들은 '대충하고 말지'란 생각보다 좋은 결과를 위해 노력하는 과정을 자연스럽게 배우고 자신도 비슷한 태도를 가질 확률이 높아집니다.

그러면 수신제가치국평천하를 해야 하느냐? 할 수 있다면 좋긴 할텐데 이 글의 전체 논지는 리더도 어딘가 부족함이 있는 사람이란 것입니다. 그래서 리더가 꼭 솔선수범을 보여야 한다고 생각하진 않지만 적어도 '나중에 부끄러울 수 있는 말이나 행동은 조금 조심하자' 정도입니다. 왜냐하면 팀원들이 리더를 바라보고 있고 영향을 받는 것은 확실하기 때문입니다.

'처음부터 명확하게 말씀해주시지…'

3. 자율적 업무 수행을 지원하는 소통

(1) 초기 신뢰 구축을 위한 소통

보고서 전체 스토리를 홀수 중심으로 '1-3-5-7-9'로 전개하기로 했는데, 리더가 산출물을 보면서 스토리를 '1-3-6-8-9'로 바꾸자고 하는 상황이 되면 '왜 처음에 명확하게 가이드를 주지 않아서 일을 두 번 하게 만드느냐'는 원망과 함께 갈등이 발생합니다. 특히 새롭고 좋은 정보를 입수할 때마다 의사결정을 바꾸는 팀장님들이 자주 듣는 말 중 하나입니다. 리더 입장에서 보기에 팀원이 되바라져 보이기도 합니다. 생각보다 이런 일이 자주 발생하는데 현명한 해결방안을 찾아 실행하기보단 갈등을 묵혀두었다가 골이 깊어지는 경우도 있습니다.

왜 이런 갈등 상황이 발생할까요?

첫 번째, 리더 스스로도 명확한 산출물 이미지를 미처 고민하지 못한 경우입니다. 마치 '얘들아, 이 산이 아닌가보다'라고 말하는 상황인데 이런 일이 반복되면 팀원들은 진이 빠지고 리더가 무능력하다는 인식을 하게 됩니다. 이건 다른 방법이 없습니다. 리더 스스로 더 고민해보고 향후 진행 방향을 제시하거나 함께 논의하는 것이 필요합니다.

두 번째, 팀원들의 산출물이 리더의 눈높이에 맞지 않을 때도 이와 유사한 일이 발생합니다. 리더가 보기엔 보고서 품질이 낮아서, 남은 시간이나 상황을 고려해 대안을 선택하는거죠. 팀원이 '1-3-5-7-9'의 스토리로 보고서를 가지고 왔지만 '5-7'이 허접스러워, 그 보완책으로 '1-3-6-8-9'로 스토리 전환을 하자고 한건데 팀원이 보기엔 재작업을 요청하는 것으로 보이는거죠.

세 번째, 주제 자체가 애자일(Agile) 접근이 필요한 경우도 있습니다. 일을 하고 결과물을 만들어내면서 새로운 것을 학습하고, 학습한 내용을 다시 산출물에 반영하는 과정들이 큰 손실을 막는 방법입니다. 원인 분석이 쉽지 않거나 아무도 시도해보지 않았던 일을 할 때 시행착오를 겪어가며 진도를 나가는 좋은 방법입니다. 때론 깊이 있는 현황 분석을 하기 보다 단기간에 가시적 산출물을 내고 이를 계속 정교하게 보완해나갈 때도 유용합니다.

첫 번째와 두 번째는 '우리는 한 팀'이란 생각으로 진솔한 소통을 하는 것이 중요하다면 세 번째는 업무 속성이 한 번에 결과물을 내기 어려운 것은 아닌지 잠시 생각해보고 팀원들과 소통하는 것만으로도 충분합니다. 단칼에 무 자르듯 끝나는 일이 아니라면, 리더와 팀원이 여러 번의 논의 및 상호 피드백을 하면서 품질을 높일 수 있다는 공감대를 형성할 수 있기 때문입니다. 그리고 이런 사전 논의는 앞서 말했던 팀원들의 '예측 가능성'을 높인다는 측면에서도 매우 긍정적입니다.

'잘 진행되고 있는 ?'

3. 자율적 업무 수행을 지원하는 소통

2) 팀원의 중간 소통이 없을 때는…

리더가 팀원에게 업무를 요청했는데 팀원이 중간 소통을 하지 않고 있다면…80% 이상은 리더가 원하는 형태로 일이 진행되지 않고 있다고 보면 됩니다.

'한 권으로 끝내는 OJT' 초반에 언급한 것처럼 업무를 요청하고 받을 때 의사소통을 잘하는 것이 중요하며, 이때 명확해야 하는 건 TPO(Time, Process, Output)입니다. 즉 언제까지 어떤 방법으로 어떤 산출물을 낼지를 확인하는 것이 꼭 필요합니다.

따라서 마감 시간이 되기 전에 최소 1회 이상은 어떻게 일을 하고 있는지에 대해 소통하고 피드백을 주고받는 것이 필요합니다. 그것이 짧은 시간 동안 할 일이든 오랜 시간이 필요하든, 사무실 내에서 할 수 있는 것이든 밖에서 해야 하는 것이든, 중간 소통을 하는 것이 일의 효율성과 효과성을 높인다는 것은 명백한 사실입니다.

 그런데 팀원이 중간 소통을 하지 않는다면 몰라서 안 했거나 아직 안하고 있거나 진도가 느리거나 셋 중 하나입니다. 리더 입장에서는 세 가지 모두 안 좋은 상황입니다. 그러면 어떻게 해야 할까요?

답은 매우 간단합니다.

요청한 업무를 어떻게 진행하고 있는지 팀원에게 먼저 물어보는 것입니다.

더 좋은 것은 마감 시간 전의 특정 시간을 정해 중간보고를 하라고 지시하는 것입니다. 정한 시간에 알람을 맞춰 놓고 중간보고를 하지 않으면, 잊지 않고 리마인드 해주면 됩니다. 부작용은 리더나 팀원이나 과정 상에서 조금 더 피곤해지는 것이지만 일의 진척 관리는 잘 됩니다.

"현재 버전 보여줄래요?"

3. 자율적 업무 수행을 지원하는 소통

(3) '중간소통' 말고 '중간확인' 하기. 중간산출물 보자고 하기

리더가 생각하기에 팀원들이 쉽게 할 수 있다고 생각하는데, 나중에 산출물을 보면 그렇지 않을 때가 종종 있습니다. 엄밀히 말하면 리더는 팀원들이 잘 해낼 것이라 미뤄 짐작하는 것이고 잘 해내달라고 기대하는 것입니다. 이것은 리더가 착각하는 것입니다. 왜냐하면 업무 요청에 대한 배경 지식이나 관련된 경험과 지식은 리더와 팀원 간에 간극이 크기 때문입니다.

그래서 '보여 달라'고 요청하고 리더가 직접 확인하는 것이 종종 필요합니다. 베트남의 병원 산업에 대해 팀원에게 조사해달라고 요청을 했다면 대부분 리더들이 기대하는 정보는 시장 규모, 성장률, 하노이와 호치민에 있는 주요 병원들과 그 규모, 의사와 간호사 수 등입니다. 그런데 중간 확인을 하지 않으면 시장 규모나 병원 리스트가 누락되어 있어서 기본적으로 궁금한 내용을 해소하지 못하고 야근을 하거나 조사 업무를 연장하는 일이 생깁니다.

이 때 유의사항은 요청한 업무를 잘 진행하고 있는지, 일을 하는 과정에 예상하지 못한 어려움이나 이슈는

없는지 등을 물어보고 답을 듣는 '대화'만으로는 부족하단 것입니다. 팀원이 하루종일 시간을 써 자료조사를 했는데, 잘못된 방향이나 형식의 산출물을 가지고 올 때의 허탈함은 이루 말할 수 없습니다. 따라서 리더도 결과물을 확인해야 합니다. 업무의 본질이 생각을 많이 해야 하는 연구이거나 다양한 정보를 매우 많이 습득하면서 공부를 선행해야 하는 것이 아니라면

"현재까지 만든 중간 산출물을 취합해서 보여주세요." 라고 요청하고 결과 확인을 해야 합니다. 눈에 보이는 산출물이 없으면 일한 사람의 머리 속에 있는 암묵지를 끄집어 내야 하는데, 이 활동 또한 일한 당사자가 직접 생각하고 정리하는 것이 효과적이기 때문입니다.

조심할 부분은 팀원이 어떤 업무를 '했다'는 보고를 받는 것보다는, 업무를 했고 잘 마무리 되었는지 확인을 하는 것입니다. 대부분은 이 정도까지 요청하면 팀원 스스로 한 번 더 체크하면서 놓치고 간 부분을 챙기게 됩니다. 요약하면 말로만 보고 받는 것보단 '팀원의 산출물을 직접 보고 피드백을 하자'입니다.

그래서 중요한 것은 팀원이 어떤 업무를 '했다'는 보고를 받는 것보다는, 업무를 했고 잘 마무리 되었는지 '확인했다'는 보고를 받아야 합니다. 대부분은 이 정도까지

요청하면 팀원 스스로 한 번 더 체크하면서 놓치고 간 부분을 챙기게 됩니다.

혹시라도 이 정도 소통으로도 부족하다면 확인한 내용이나 중간 과정을 '보여달라'고 해야 합니다. '확인했다'는 말 자체를 믿지 못하기 것이기 때문에 사진을 찍든 체크리스트를 만들든 '보여달라'고 해야 팀원이 꼼꼼한 습관을 가질 수 있습니다.

'잘 하라고, 잘 되라고, 하는 말인데…?'

3. 자율적 업무 수행을 지원하는 소통

4) 피드백 주는 수준의 차이

프로젝트 리더십을 발휘한다는 의미 중 하나는 팀원에게 피드백을 주는 것입니다. 그런데 같은 피드백을 준다고 하더라도 리더에 따라, 상황에 따라, 장소에 따라, 팀원에 따라 등 피드백의 종류나 유형이 달라질 수 있습니다. 여기선 리더의 피드백 주는 수준에 대해 언급하려고 합니다.

Level 1, 피드백을 주지 않는 것입니다.

'사랑한다, 좋아한다'의 반대말은 '싫어한다'가 아니라

'관심 없다'라는 말이 있습니다. 팀원에게 피드백을 주지 않는 것은, 팀원이 무엇을 하든 리더는 관심이 없다는 것과 일맥상통합니다. 이런 팀은 조직 체계가 오랫동안 견고하게 갖춰져 있지 않았다면 유지되기 어렵습니다.

Level 2, 하나하나 모든 것을 알려주는 것입니다.

업무를 처음 배우는 초보자인 경우엔 도움이 되겠지만, 시간이 지날수록 팀원도 지치고 리더도 지치게 됩니다. 게다가 리더가 팀원을 보살핀다는 생각으로 처음부터 끝까지 계속 알려주게 되면, 팀원은 배우지 못한 일이나 경험하지 못한 일을 혼자서 해결해나가지 못할 확률이 높습니다. 이 때 팀원이 자주 하는 말은 '안 해봐서 잘 모르겠어요' 입니다.

Level 3, 업무 시작 전에 '정렬 소통'을 하면서 피드백을 주는 것입니다.

보통은 1)리더가 팀원에게 말로 업무를 요청합니다. 2)팀원은 리더가 요청한 업무를 시작하기 전에 무엇을, 언제까지, 어떻게 일을 할 것인지 간단하게라도 종이에 기록을 합니다. 3)팀원은 이 종이를 가지고 리더에게 찾아가 '일을 이렇게 하면 될까요?'라고 피드백을 구합니다. 이런 프로세스는 일을 시작하기 전에 한 단계가 추가되기 때문에 번거롭기도 하고 습관을 붙이기 어려운 것도 있습니다만, 해보면 정말 효과가 뛰어납니다.

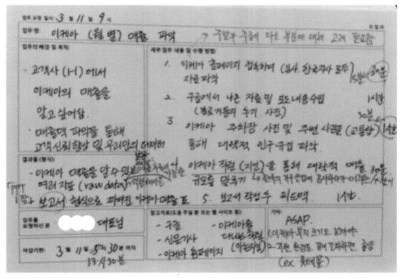

〈피드백 예시 사진〉

Level 4, 피드백의 패턴 분석을 통해, 팀원에게 맞춤형 코칭과 가이드를 해주는 것입니다.

하루 이틀 일 하는 것이 아니라 몇 개월 이상 함께 일을 하게 되면, 팀원의 업무 수행 성향에 대해 어느 정도 파악할 수 있습니다. 그러면 잘 하고 있는 부분은 더 극대화할 수 있게 알려주고, 부족한 부분은 어떻게 보완할 수 있는지, 구체적인 방법까지 알려주면 더 좋습니다.

Level 5, 교과서적일 수 있지만, 스스로 동기부여 하여 일을 하게 하는 것입니다.

동기부여에 대한 내용은 시중에 좋은 글과 책이 많이 있습니다. 세부 내용은 다른 좋은 자료들을 참고하기 바라며 여기서 고려할 부분은, 프로젝트 리더십의 4단계에선 '공과 사'를 구분하는 것이 득이 아닌 해가 될 수도 있다는 것입니다. 상상을 한 번 해보기 바랍니다. 회사에 출근해서 일을 하고 있는데, 갑자기 집에서 전화가 왔습니다. 아이가 (또는 부모님이) 심하게 다쳐서 병원에 입원했다는 것입니다. 일이 손에 잡힐까요? 결혼을 한 부부가 아침에 크게 부부싸움을 하고 출근을 했습니다. 이 사람들이 직장에서 평소만큼 성과를 창출할 수 있을까요? 팀원 한 명이 오랫동안 사귄 이성 친구로부터 이별을 통보

받습니다. 업무에 온전히 집중할 수 있을까요? 즉 사생활 침해가 아닌 범주에서 팀원의 개인생활에 대한 관심과 애정을 가지고 배려할 줄 아는 리더가 되어야 합니다.

'오탈자 하나 쯤이야~'

3. 자율적 업무 수행을 지원하는 소통

(5) 나쁜 피드백의 반복

피드백의 종류는 '좋은 피드백'과 '나쁜 피드백'이 있습니다.

좋은 피드백은 고민하고 있는 주제를 더 깊이 있게 분석하고 최상의 솔루션을 찾아낼 수 있는 단초를 제공하는 등 문제해결의 본질에 대해 논의하는 것입니다. 좋은 피드백을 주고 받을 때는 리더와 팀원이 상호간에 건설적인 토론을 하면서 미처 생각하지 못한 통찰력을 발휘할 수 있는 확률이 높아집니다.

 반면 나쁜 피드백은 조금만 신경 쓰면 보완할 수 있는데 실수를 계속 반복하기에 이를 지적하는 것입니다. 대표적인 예는 문서 만들 때 '오탈자'가 계속 나오는 것입니다. 초기 인턴 또는 신입사원인 경우에는 실수를

용인할 수 있지만, 이게 지속되는 것은 문제가 있습니다. 더 심각한 것은 신입사원이 '오탈자 하나 쯤이야~'라고 생각을 하는 것입니다. 그게 자신과 팀의 얼굴이고 수준인데 이를 간과하는 것이죠.

좋은 피드백과 나쁜 피드백이 있다는 점을 인지하는 것이 중요한 이유는, 그래야 스트레스를 덜 받으면서 팀원에게 적정한 피드백을 줄 수 있기 때문입니다. 특히 자주 반복되는 상황 중 하나는 팀원이 기본을 지키지 못한 상태(나쁜 피드백을 받는 상황)에서 좋은 피드백을 받으려 한다는 것입니다. 예를 들면 초반부터 다음과 같이 글을 써 놓고, 마지막까지 인내심을 갖고 읽은 후에 내용 피드백을 달라고 한다는 점입니다.

− 잘못된 예시 −
'MECE는 각 요소나 항목들이 겹치지 않고, 합치면 전체가 된다는 개념입니다. 벤다이어그램은 A, B, C의 교집합은 공집합, A, B, C의 합집합은 전체가 됩니다'

이럴 때 화를 내며 피드백을 주는 것은 리더에게나 팀원에게 득이 되지 않습니다. 만약 어떤 팀원에게 지속적으로 나쁜 피드백을 주게 된다면, 다른 방법을 찾아야 합니다. 팀원에게 생각이나 행동을 바꾸라고 요청만 하면서 달라지기를 기대하기 어렵기 때문입니다.

만약 보고서 글을 쓰는데 자꾸 어법에 맞지 않는 한글을 쓴다고 하면, '사설'을 습자하라고 숙제를 내고 확인하는 방법 등으로 역량 강화를 시켜줘야 합니다. 이런 식으로 나쁜 피드백은 빈도 수를 줄이다가 없애고 좋은 피드백을 주고 받는 방향으로 가야 합니다. 팀원이 좋은 피드백을 받으면 받을 수록 리더와 팀원, 그리고 조직에 모두 플러스가 됩니다.

리더는 단순 반복되는 피드백이 아닌, 생산성 향상에 도움이 되는 피드백을 줌으로써 보람을 느낄 수 있습니다. 팀원은 직접적인 혜택을 받을 수 있습니다. 대표적인 것이 미처 생각하지 못했던 것을 알게 됨으로써 지식과 통찰력이 깊어질 수 있습니다. 조직은 리더와 팀원이 생산적인 바운싱을 함으로써 양이든 품질이든 성과를 더 창출할 수 있습니다.

- 예시 문구 수정 -

'MECE는 각 요소나 항목들이 서로 겹치지 않으면서도, 모두 합치게 되면 전체가 된다 개념입니다. 다음 벤다이어그램으로 설명한다면 A, B, C의 교집합은 공집합인데 A, B, C의 합집합은 전체집합이 되는 것을 의미합니다.'

주니어 때 누구나
한 번은 경험하는 실수들

리더가 겪는 스트레스 중 하나는 팀원이 일을 마무리 했다고 보고했는데 나중에 확인해보니 그렇지 않을 때 발생합니다. 실은 개구리가 올챙이적 생각을 못한다고 리더들도 주니어 때 한 번은 경험하는 실수들 입니다. 이런 사례를 생각 나는대로 나열해보면

1. 회의실에 회의 준비를 했다고 보고 받았는데, 화이트보드는 있지만 보드마카는 없거나 다쓴 보드마카만 있는 상황

2. VIP와의 회의를 위해 인원 수에 맞춰 컵이나 찻잔을 준비해달라고 했는데, 음료 없이 찻잔만 준비되어 있는 상황

3. 파트너 본사에 중요한 서류를 등기우편으로 보내달라고 요청하고 팀원으로부터 보냈다고 들었는데, 수신자 주소가 본사가 아닌 다른 지역으로 잘못 적혀 있는 상황

4. 계약을 위해 등기소에서 법인 인감 증명서를 발급받아 와야 한다고 말 했는데, 법인 등기부등본을 발급받아 오는 상황

5. 사내 소식망에 '오늘의 뉴스'를 업로드 했다고 들었는데, 업로드 안 되어 있는 상황

6. 종이 설문으로 받은 내용을 엑셀에 입력해달라고 했는데, 내용을 잘못 입력하거나 셀 하나에 여러 값을 입력하는 상황

D

프로젝트 리더십을
발휘해야 하는 결정적 순간

D

프로젝트 리더십을
발휘해야 하는 결정적 순간

"이런 단순 업무를 하려고 석사 따고 유학 다녀온 건
아니거든요"

1. 결정적 순간을 판단하는 방법

(1) 다른 팀원들의 사기를 저하시킬 때

첫 번째는 특정 팀원이 다른 팀원들의 사기를 저하시키기
때입니다. 이런 일화 2개를 소개하겠습니다.

#일화 1

컨설팅 프로젝트를 하는 중에 있었던 일입니다.

고객 2명과 컨설턴트 4명(모두 같은 팀원)이 함께 점심을
먹으러 식당에 갔습니다. 대부분 식당은 밥이 나오기 전에
밑반찬을 먼저 테이블에 가져다 줍니다.

당시 식당에서 내온 반찬은 김치, 깍두기, 달걀말이,
시금치, 콩나물, 김, 이렇게 6개 였습니다. 식당에선 밥이
나오기 전에 반찬을 먼저 먹는 분들이 종종 있습니다.
식당에 함께 간 사람들 중 5명도 김치와 깍두기를 맛있게

먹으면서 반찬이 맛있다고 칭찬을 하던 중이었습니다.

아침을 거르고 출근했기에 배가 고픈 상황이고 그런 가운데 맛있는 김치와 깍두기를 먹고 있다고 상상해보기 바랍니다. 짧은 순간이나마 얼마나 행복감을 느낄 수 있는지.

그런데 나고귀 컨설턴트는 다른 사람들이 맛있게 먹는 모습을 팔짱 끼고 안쓰럽게 쳐다만 보고 있었습니다.

그래서 고객이 나고귀 컨설턴트에게 물었습니다.

"나고귀 컨설턴트님, 여기 김치랑 깍두기 맛있는데 맛 안 보세요?"

나고귀 컨설턴트 왈

"저는 식당에서 나오는 김치, 깍두기는 돈 주고 먹으라고 해도 안 먹어요. 그건 개 사료로나 쓸 수 있지 먹을 수 있는 음식은 아니에요"

...

#일화 2

현장에서 고객 설문 조사를 종이로 한 뒤, 자료 분석을 위해 엑셀 파일에 내용을 입력해야 하는 상황이었습니다.

설문지 양이 매우 많은 가운데 분석을 빨리 해야 했기 때문에, 모든 팀원이 종이 설문지를 나누어 함께 엑셀에 입력하자고 제안을 했습니다.

그런데 나고귀 컨설턴트가 매우 불만이 많은 표정으로 말도 안 하고 입력도 안 하고 있었습니다. 당시 팀장님이 나고귀 컨설턴트에게 왜 입력을 안 하는지 물어봤습니다.

"제가 이런 단순 업무를 하려고 석사 따고 유학 다녀온 것이 아니거든요"

...

일만 잘 하면 분위기 파악을 못할 수도 있고 다른 동료들 기분을 언짢게 만들 수도 있지 않냐고 생각할 수도 있습니다. 그러나 혼자 하는 일이 아니고 함께 하는 일이라면 개인이 팀 전체의 일을 다 수행하기엔 어려움이 많습니다. 공리주의를 빌려오거나 정량적 분석을 하지 않더라도 한 사람이 다른 모든 동료들의 사기를 떨어트리면 팀 전체 업무 성과가 낮아진다는 것은 분명합니다.

이런 경우 프로젝트 리더십을 발휘해야 합니다. 문제 팀원이 마음 아파할까봐 에둘러 표현하기보다는 문제를 직시할 수 있도록 냉정하게 사실 바탕의 피드백을 줘야 합니다. 만약 해당 팀원이 변할 수 있도록 도와줌에도 불구하고 계속 주변 모든 사람을 힘들게 한다면, 업무를 명확하게 나누어 다른 팀원과 일이 겹치지 않도록 해야 합니다.

기억할 점은 '모든' 입니다. 한 두 사람과의 갈등은 조직 생활을 하면서 일어날 수 있는 일이고 갈등을 해결하는 과정에서 더욱 성숙해질 수 있습니다. 역설적으로 다름에서 오는 갈등 해결을 통해 개인과 조직이 더욱 발전할 가능성이 있습니다. 그러나 회사 사람들이 이상한 사람들로만 구성된 것이 아니라면 '모든' 사람들을 불편하게 하는 팀원에게 적정한 가이드와 피드백을 주는 것이 필요합니다.

"팀 회의 땐 최소 5분 전엔 도착합시다" "팀 회의 땐 최소 5분 전엔 도착합시다"

1. 결정적 순간을 판단하는 방법

2) 다른 팀원들의 사기를 저하시킬 때

앞 단락에서 언급했듯 프로젝트 진행에 중요한 것은 팀장 및 팀원들 간의 케미(Chemistry)입니다. 프로젝트 자체가 혼자 달성할 수 있는 과업이 아니고 팀이 함께 하는 것인데, 팀원들 간의 불화가 쌓이면 이는 대부분 일하는 데 지장을 주기 때문입니다. 이런 갈등이 심할 경우 팀에서 1명을 교체 또는 해직해야 할 수도 있습니다.

하지만 특정 한 사람이 잘못한 것이 아니라 누구의 잘못도 아닌 상황에선 판단하기 어렵습니다. 예를 들어 A와 B간에 문제가 생겼고, 둘 다 자신은 억울한 입장이며, 다른 팀원이 팀에서 나가지 않으면 본인이 나가겠다고 합니다. 이런 일이 발생했을 때 솔로몬 또는 포청천이 아닌 이상 공정한 판결을 내리기 어렵습니다. 설사 시간이 지나면서 전후 맥락을 알게 되었고 공정하게 판단할 수 있다고 해도, 이 판단과 의사결정 방향은 정렬되지 않을 수 있습니다. 쉽게 말해 프로젝트 리더십 원칙인 공적인 선을 추구하는 과정에서, A가 옳은 말과 행동을 했지만 A를 내보내야 하는 경우입니다.

이럴 때 어떤 사람을 내보내야 할지 결정하는 것은 정말 어렵습니다. 교체할 팀원 1명의 입장에서 고민하는 것도 필요하지만 남아 있는 팀원들에게 미칠 영향력도 생각해야 하기 때문입니다. 게다가 프로젝트 종료 후 예상되는 상황들도 결정을 어렵게 합니다.

 이런 불편함을 조금이라도 줄일 수 있는 방법은 사전에 Ground rule을 정하고 합의하는 것입니다. 팀원 간 갈등이 발생하면 '최초 원인 제공자에게 책임을 묻겠다', 또는 '남은 사람들에게 함께 일 고 싶은 팀원을 선정하는 무기명 투표를 하겠다' 등과 같은 Rule을 미리 정하는 것이지요. 팀원들 간 갈등이 없다고 해도 Ground rule을 초반에 합의하는 것은 중요합니다. 모든 팀 구성원이 명확한 규정 또는 규칙을 바탕으로 팀이 추구하는 가치, 비전 및 미션에 대해 한 방향으로 움직일 수 있기 때문입니다.

'모든 경우의 수를 고려해 Rule 세팅을 해야 하나요?'

그렇지 않습니다. 조직과 팀 리더의 가치관을 반영한 대원칙을 공유하고 이를 바탕으로 판단하면 됩니다. 그리고 이런 Rule은 '아무리 스트레스를 많이 받아도 다른 팀원들이 함께 있는 자리에서 욕설과 화를 내진 않는다'와 같이 평정심을 유지하는 분위기를 조성하거나, '회의 시간 5분 전엔 무조건 착석한다', '퇴근 전 Daily memo를 작성하여 공유한다'와 같이 협업을 위한 도구로도 활용할 수 있습니다.

'A가 너무 밉지만 일은 잘 하는데, 어떻게 평가하지?'

1. 결정적 순간을 판단하는 방법

3) 팀원들을 공정하게 평가해야 할 때

 리더십을 잘 발휘하는 것은 대부분 다 어렵고 불편하긴 하지만, 팀원들의 성과 평가만큼 어려운 업무는 드문 것 같습니다. 한국 문화에선 특히 그렇습니다. 정량적 지표만으로 평가하기 어려운 것도 있고, 정성적 지표가 팀원의 모든 역량과 성과를 다 드러내지 못하는 경우도 있으며, 내가 보지 않는 장소와 시간에 다른 팀원들을 위해 노력하는 팀원들도 있기 때문입니다. 이를 보완하려고 360도 평가와 같은 방법을 사용하긴 하지만 그럼에도 불구하고 다른 여러 이유들 때문에 성과 평가를 제대로 하는 것은 어렵습니다.

 '성과 지표를 어떻게 도출할 것인지'는 다른 전문가 분들의 도움을 받으면 되고, 기억할 점은 3.4)에서 언급한 팀원의 업무 수행 및 결과에 대한 사실 데이터를 주 단위로 취합하고 정리하는 것입니다. 시간이 지난 뒤 왜곡된 기억과 인식으로 평가하는 것을 방지할 수 있고 팀원과도 과거에 있었던 일을 바탕으로 소통할 수 있기 때문에 오해를 줄일 수 있습니다.

"나잘해 님의 생각은 어떤가요?"

2. 결정적 순간에 소통하는 방법: 감성케어 소통

프로젝트 리더십을 발휘할 때 중요한 것이 하나 더 있습니다. 그것은 '팀원과 어떻게 소통할 것이냐'입니다. 주변 리더 분들의 이야기, 그리고 경험상 10 중 8, 9는 리더의 생각과 팀원의 생각 사이에 간극이 존재합니다. 리더는 나잘해 팀원이 다른 팀원들과 갈등이 있다고 생각하는데, 나잘해는 다른 팀원들이 자기를 매우 좋아한다고 생각하는 것입니다.

리더는 나잘해가 Ground rule을 지키지 않는다고 생각하는데, 나잘해는 잘지키고 있다고 생각하는 것입니다. 리더는 나잘해의 성과가 B 등급이라고 평가했는데, 나잘해는 A 등급이라고 주장하는 것입니다.

이 때는 감성케어 소통을 잘 해야 합니다. 비즈니스 의사소통은 효율성과 효과성을 위해 결론 먼저 말하는 것이 가장 큰 특징인 반면, 감성케어 소통은 결론을 뒤에 말해야 합니다. 성과평가를 예로 말하자면 우선 팀 리더가 솔직한 자기 생각을 말했을 때, 팀원이 감정적으로 들 것 같은 생각 또는 염려사항을 먼저 말합니다. 두 번째는 팀원의 평가 결과에 대한 근거를 사실 기반으로 공유하고 확인합니다. 이때 프로젝트 기간 동안 나잘해가 했던 과업들이 팀에 어떤 영향을 미쳤는지 함께 소통합니다. 끝으로 팀장이 평가한 결과를 전달합니다. 그것도 확정지어 말하는 것이 아니고 '나잘해, 당신의 생각은 어떻습니까?'라고 물어보는 형식을 차용해야 합니다. 대화 문구를 샘플로 하나 공유하겠습니다.

"나잘해 님, 내가 이렇게 말하면 나잘해 님이 열심히 일한 부분에 대해 인정하지 않는다고 생각할까봐 조금 걱정이 되요. 그동안 인도네시아 관련 자료 조사 및 분석을 잘 해줘서 고마운데, 그 과정에서 타 팀원들이 다른 동남아국가를 조사한 결과에 대해 비하하듯 말한 것 때문에 팀원들이 많이 힘들어했던 것 같아요. 그래서 나잘해 님의 평가엔 이런 부분이 반영이 될 것 같은데, 나잘해 님의 생각은 어떤가요? 혹시 내가 오해한 것이 있으면 솔직한 의견을 말해주세요"

그 일이 정말 그 때 일어났을까요?

1. 늦잠 잤어요

- 알람이 안 울렸어요
- 아침에 잠깐 일어났는데 시간을 착각했어요
- 어제 집에서 일하다 늦게 잤어요
- 어제 회식(고객 접대) 중 술을 많이 마셔서요
- 엄마가 안 깨워줬어요 (…)
- 컨디션이 안 좋아서요(배탈 나서요)
- 원래 안 그러는데, 이유를 모르겠어요

2. 차가 밀렸어요 (사고 났어요)

- 안 밀리던 길이 밀렸어요
- 아침에 차가 시동이 안 걸렸어요
- 출근길에 (가벼운) 사고가 났어요
- 지하철(버스) 하나를 놓치면서 출근길이 꼬였어요
- 갈아타다가 (사람 많아) 넘어져가지고요
- 지하철이 상습 정체 역에서 한 참 멈췄어요
- 내려야 하는 역에서 못 내려서요
- 갈아타다가 (사람 많아) 넘어져가지고요

3. 가족(어려운 사람) 도와줬어요

– 가족(엄마 아빠 동생 할머니)이 아파서요

– 할머니(할아버지) 길 헤매는 것 도와줬어요

– 아이가 길을 잃어, 엄마(아빠) 찾는 것 도와줬어요

– 옆 사람이 (숙취가 많이 남았는지) 갑자기 쓰러져서 도와줬어요

4. 업무 보고 왔어요

– 고객(파트너사, 옆팀) 미팅했어요

– 도서관(서점)에서 자료 찾아보고 왔어요

– 고객 요청에 급한 회신 하느라 출근길 커피숍에서 일 했어요

– 현장 확인하고 왔어요

5. 기타

– 어제 (야근, 회식으로) 출근 시간이 늦춰진 줄 알았어요

– 오는 길에 싸움이 나서요

– 회사 앞에서 중요한(반가운) 사람을 우연히 만나서요

– 상갓집에서(발인까지 보고) 바로 오느라고요

– 팀 동료 커피(간식) 사는데 줄이 길어서요

분기 내, 10개 이상의 이유를 댄 팀원이라면, 프로젝트 리더십을 발휘할 타이밍이 아닌지 고민을 해봐야 합니다. 그러나 한 달 동안 10개 이상의 이유를 가지고 지각을 한 팀원이 있다면, 프로젝트 리더십을 무조건 발휘해야 하는 결정적 순간입니다.

P.S. 자율근무제를 운영하거나, 출퇴근 근태가 중요하지 않은 회사는 출근 대신 '회의 시간'으로 바꾸고 융통성 있게 적용해보시면 됩니다.

E

프로젝트 리더십의
최고 수준

E
프로젝트 리더십의 최고 수준

'청출어람?'

1. 프로젝트 리더십의 최고 수준

결론 먼저 말하면 프로젝트 리더십의 최고봉은 후배 육성입니다. 가족이 아니어도 이타심을 가지고 팀원들이 잘 될 수 있도록 도움을 주는 것입니다. 초반에 이기적이어야 한다고 말한 것과 모순된 것처럼 들릴 수 있으나, 꼭 그렇지도 않습니다.

이타심, 쉽게 생각하면 남을 먼저 생각한다는 의미입니다. 사람들은 이타심을 갖고 행동하는 사람들을 보면 대단하다고 하면서 갈채를 보냅니다. 위대한 위인 중 마더 테레사와 같은 분들도 이타심을 바탕으로 모두가 함께 살아가는 방법을 몸소 보여주었습니다.

그런데 잘 생각해보면 이타심을 가진 사람들도 결국 이기심을 바탕으로 움직이는 것일 수도 있습니다. 왜냐하면 그 사람들은 유전적으로 다른 사람의 불행을 그냥 지나치는 것이 너무 힘들고 어렵기 때문입니다. 본인

마음이 편하지 않기 때문에 어려운 사람을 도와주는 것이지요. 나의 마음이 편안하도록 하기 위해, 내가 행복해지기 위해 다른 사람을 도와준다고 생각하면 이것도 이기심으로부터 발현된 것이라고 볼 수 있을 것 같습니다.

프로젝트 리더십에선 팀원 육성이 리더 스스로의 성장에 도움을 주기 때문에 이기적이라고도 볼 수 있습니다. 다시 말하면 팀원을 육성하는 과정에서 어떻게 하면 내용 전달을 잘 할 수 있을까? 어떻게 하면 팀원이 업무를 잘 마무리 할 수 있을까? 등을 고민하고 실행하는 과정에서 리더가 더 성장하기 때문입니다.

리더도 계속 배우고 성장해야 하나요?

프로젝트를 계속 해야 한다면 그래야 합니다. 브래드 스마트의 '탑 그레이딩'에서 주장하는 큰 철학 중 하나는 'B급 리더 밑에서 A급 팀원이 남아 있지 않는다'는 것입니다. 쉬운 일이 없습니다.

다만 이타심은 어려운 사람들을 도와주는 것이라고 대상을 특정 지을 수 있습니다. 대기업 총수나 부동산 갑부에게 이타심을 발휘하여 도와준다는 말을 하지는 않는 것이죠.

좋은 리더가 되어야 하나요?

때는 신입, 막내, 사회 초년생 등의 딱지를 떼어내고 후배 동료들이 입사하면서 조금씩 리더, 그리고 리더십에 대해 고민을 하는 시기였습니다. 그 당시 조금은 진지하게 리더십 역량을 키워야겠다고 생각을 하고 관련 책과 아티클을 읽기 시작했는데, 그것만으로는 아쉬움이 있었습니다. 그래서 회사의 리더에게 리더십에 대한 조언을 구하던 중 나눴던 대화입니다.

나: 어떻게 하면 리더십을 키울 수 있나요?

리더: 좋은 리더가 되겠다는 결심을 하는 것이 중요해요. 그러면 안 보이던 것이 보이기 시작합니다.

나: 어떻게 하면 결심할 수 있나요? (예나 지금이나 쉽고 빠른 길을 추구함)

리더: ...

나: ...

리더: 제가 그것까지 해드리긴 어렵고요. ㅠㅠ

그냥 이 자리서 하면 안되요?

해보니 훨씬 더 행복합니다. 뭔가 이유가 있거나 계기가 필요하다고 생각했는데, 그런 편견을 깨는 순간이었습니다. 그냥 하면 안 되냐는 질문에 답을 하지 못했습니다.

그런데 좋은 리더가 되어야 하나요?

Learning and Growth E book 시리즈 소개

MECE 워크북

MECE 비즈니스 워크북

MECE 워크북 국내선 이용 편

MECE 워크북 영화 관람 편

MECE 워크북 점심식사 편

트리즈 워크북 1 쪼개기 편

트리즈 워크북 2 추출 편

스캠퍼 워크북

형태분석법 워크북

유니버설 디자인 워크북

비즈니스 매너 워크북

바른 문장 워크북

Ballpark 워크북

병원 산업 워크북

저 신입인데 이거 물어봐도 되나요?

한 권으로 끝내는 OJT

워킹백워드 워크북

역량 UP 워크북, 임직원 기업교육은

Learning &c Growth

교육컨텐츠 더보기

워크북 더보기

Learning and Growth가 궁금하신 분들은 홈페이지를 방문해주세요.

PM 고수들의 프로젝트 관리 노하우를 엿보다

프로젝트 리더십

초판 1쇄 발행	2022년 5월 10일
초판 2쇄 발행	2022년 11월 10일

저자명	러닝앤그로스
ISBN	979-11-92704-25-8
출판일	2022-11-08
판매가	3,800 원
출판사	작가와㈜
홈페이지	http://www.jakkawa.com